Arbeitsheft

Das Lese- und Schreibschrift-Training

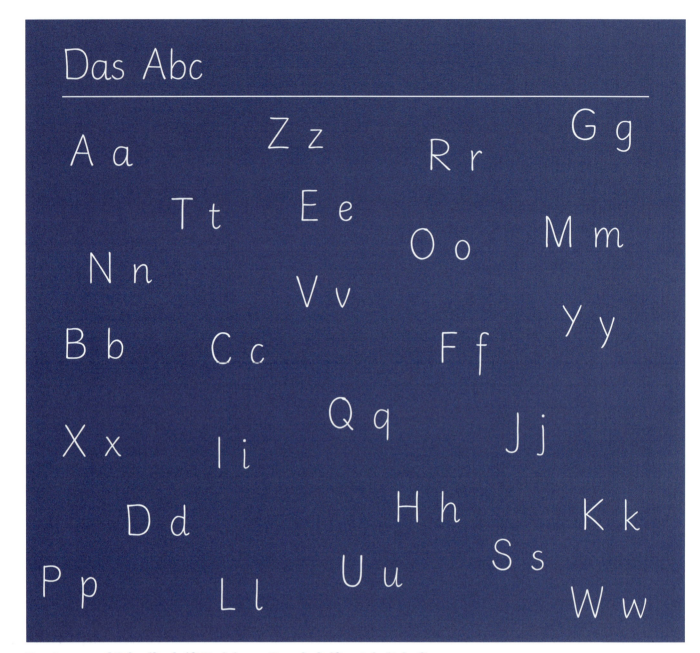

Das Lese- und Schreibschrift-Training – Grundschrift – Arbeitsheft
Erarbeitet von Elke Mauritius

Gedruckt auf umweltbewusst gefertigtem, chlorfrei gebleichtem und alterungsbeständigem Papier.

1. Auflage 2015 – © Persen Verlag
AAP Lehrerfachverlage GmbH
Alle Rechte vorbehalten.

Das Werk als Ganzes sowie in seinen Teilen unterliegt dem deutschen Urheberrecht. Der Erwerber des Werkes ist berechtigt, das Werk als Ganzes oder in seinen Teilen für den eigenen Gebrauch und den Einsatz im Unterricht zu nutzen. Die Nutzung ist nur für den genannten Zweck gestattet, nicht jedoch für einen weiteren kommerziellen Gebrauch, für die Weiterleitung an Dritte oder für die Veröffentlichung im Internet oder in Intranets. Eine über den genannten Zweck hinausgehende Nutzung bedarf in jedem Fall der vorherigen schriftlichen Zustimmung des Verlages.

Illustrationen: Friederike Großekettler
Satz: dtp-design, Ebsdorfergrund

ISBN 978-3-403-23637-5

www.persen.de

Ärger mit den Buchstaben 4

Auf dem Abc-Planeten 6
Wald, Wiese und weitere Wörter 10
Was wir alles tun können 12
Wörter verändern sich 14
Leas Wörter 16
Mustafas Wörter 18

Dinge und wie sie sind 20
Kennst du die Tiere? 22
Eine Wortmaschine 24
Noch eine Wortmaschine 26
Ein lustiger Elefant 28
Im Gespensterschloss 30

Was angelt der Kater? 32
Im Baumhaus 34
Mit Auge, Ohr und Hand 36
Von tanzenden Tieren und Giftfröschen 38
Von Januar bis Juni 40
Von Juli bis Dezember 42

Was krabbelt denn da? 44
Wer wühlt denn da? 46
Auf dem Spielplatz 48
Von Anglern und Piraten 50
Was ist mit den Tieren los? 52
Hexe Lissy 54

Kommen die Buchstaben zurück? 56

So schreibst du aus der Wörterliste ab:

1. Genau lesen.
2. Besondere Stellen merken.
3. Schreiben.
4. Gut vergleichen.

TIPP: Du kannst im Heft alle Wörter in Schreibschrift nachspuren.

Ärger mit den Buchstaben

1 Leila sitzt am Schreibtisch.
2 Sie hat den Kopf in die Hände gestützt
3 und guckt traurig aus dem Fenster.
4 Heute will ihr einfach nichts gelingen.
5 Sogar beim Rechnen der Zahlenmauer
6 musste Mutti ihr helfen.
7 Und das, obwohl Leila in dieser Woche
8 Rechenkönigin geworden ist.

9 Nun muss sie auch noch Schreiben üben.
10 Leila nimmt ihren Füllhalter und das Heft
11 für den Füllerführerschein heraus.
12 Sie soll drei Zeilen das kleine **e** in Schreib-
13 schrift üben.
14 Doch so sehr sie sich auch anstrengt,
15 die Buchstaben wollen ihr nicht gelingen.
16 Im Heft stehen wieder die eigenartigen Kringel.
17 Wie heute im Unterricht, denkt Leila.
18 Dann rollen ihr dicke Tränen übers Gesicht.
19 Leila hält sich die Ohren zu.
20 Immer wieder hört sie das Schimpfwort und
21 das Lachen.

22 Simon, ihr Banknachbar, hat sich heute
23 über ihre Schrift lustig gemacht.
24 Mitten im Unterricht prustete er plötzlich heraus:
25 „Dein **e**, dein **e**
26 sieht aus, wie *Entenschiss*!"
27 Dann hat er laut gelacht.

28 Entenschiss, Entenschiss,
29 das soll er nie wieder sagen, denkt Leila.
30 Sie übt nun schon eine Stunde
31 das kleine **e**.

32 Aber es gelingt ihr nicht.
33 Jetzt ist Leila wütend.
34 Sie wirft das Heft auf den Boden und ruft:

35 „Ich wünsche euch auf den Mond,
36 dann müsste ich euch nie, nie wieder üben …
37 Am nächsten Morgen findet Leila einen Zettel.

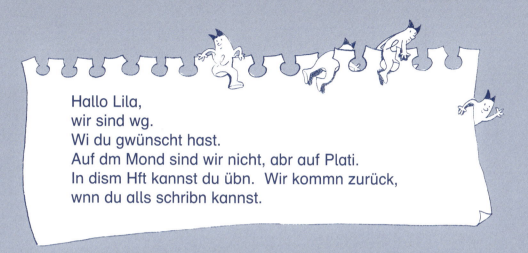

Hallo Lila,
wir sind wg.
Wi du gwünscht hast.
Auf dm Mond sind wir nicht, abr auf Plati.
In dism Hft kannst du übn. Wir kommn zurück,
wnn du alls schribn kannst.

39 Leila liest den Zettel.
40 Zuerst versteht sie gar nichts.
41 Wer soll Lila sein? Wer ist weg?
42 Plötzlich begreift sie.
43 Das wollte ich nicht, flüstert sie.
44 **Was ist passiert?**

„Wir verschwinden alle, wenn du nicht die Prüfung bestehst!"

45 Hilf Leila, die Prüfungen zu bestehen.
46 Löse die Aufgaben im Heft.
47 Dabei findest du diese Bilder:

Hier kannst du selbst einschätzen,
wie du die Aufgaben im Lesen
und Schreiben erfüllt hast.

Hier schätzt deine Lehrerin
oder dein Lehrer dich ein.

Auf dem Abc-Planeten

1 Spure die Buchstaben nach. Schreibe sie.

Suche die Wörter in der Wörterliste. Schreibe sie auf.

Auf dem Abc-Planeten

1 Spure die Buchstaben nach. Schreibe sie.

2 Suche die Wörter in der Wörterliste. Schreibe sie auf.

Wald, Wiese und weitere Wörter

1 Suche jedes Wort in der Wörterliste. Schreibe die Nummer dazu.

[26] Blatt	[ ] Bauch	[ ] Ball
[ ] Feder	[ ] Feuer	[ ] Flasche
[ ] Maus	[ ] Mond	[ ] Mund
[ ] Wald	[ ] Wiese	[ ] Wort

2 Suche die Wörter in der Wörterliste und schreibe sie so auf:

Buch, das	[44]	das Buch
Katze, die	[ ]	
Fisch, der	[ ]	
Radio, das	[ ]	

3 Suche die Wörter in der Wörterliste. Schreibe sie auf.

16	F_____	10	E_____
1	R_____	26	B_____
29	B_____	11	N_____

4 Setze die Wörter von oben richtig ein.

① Der Papagei hat eine bunte _____ verloren.

② Auf dem _____ sitzt eine dicke Raupe.

③ _____ essen alle Kinder gern.

④ Auf der _____ summt eine Biene.

⑤ Im _____ sitzen vier kleine Vögel.

⑥ Markus putzt sein _____.

Was wir alles tun können

1 Suche jedes Wort in der Wörterliste. Schreibe die Nummer dazu.

[7] fallen	[ ] fragen	[ ] finden
[ ] rufen	[ ] reiten	[ ] rollen
[ ] lösen	[ ] lecken	[ ] lachen
[ ] tragen	[ ] tanzen	[ ] turnen

Wenn der erste Buchstabe gleich ist, ordne nach dem **zweiten** Buchstaben.

2 Ordne die Wörter von oben nach dem Abc.

fallen, fin

r

l

t

3 **Verbinde die Sätze.**

Die Kinder — fallen / fragen / finden — nach dem richtigen Weg.

Die Schüler — lachen / lecken / lösen — die Rechenaufgaben.

 4 **Zeichne die Wortgrenzen ein und schreibe die Wörter ab.**

leckenlaufenlachen

tragentanzenträumen

 rollenrufenreiten

Wörter verändern sich

1 Suche die Tuwörter in der Wörterliste.
Schreibe sie so auf:

Achtung! Bei manchen Wörtern ändert sich die Schreibweise.

	56	57
spielen	spielen	– er spielt
schreiben	s	– er
lesen	l	– sie
schneiden	s	– sie
schlafen	s	– er
sitzen	s	– er
Male: laufen	l	– er

2 Spure die Wörter nach. Setze sie richtig ein.

fällt, laufen, lesen, fallen, liest, läuft

① Uta und Maik **lesen** im Märchenbuch.

② Im Kino _____ ein lustiger Film.

③ Papa _____ in der Zeitung.

④ Im Märchen _____ Hase und Igel um die Wette.

⑤ Im Herbst _____ die Äpfel von den Bäumen.

⑥ Oh, ein Apfel _____ dem Igel genau auf die Stacheln.

3 Male ein Bild zum Satz ④.

4 Male ein Bild zum Satz ⑥.

Leas Wörter

1 Suche die Ferienwörter in der Wörterliste. Schreibe sie auf.

die Sonne,

2 Erkennst du die Ferienwörter?

3 Schreibe die Schüttelsätze richtig auf.

① Stefan   Wasser   springt   ins   .

Stefan

② Er   mit   schwimmt   Kai   um die Wette   .

③ Lina   eine   Burg   Sand   baut   aus   .

④ Sie   die Burg   schmückt   Steinen   mit   .

 4 Male ein Bild zum letzten Satz.

Mustafas Wörter

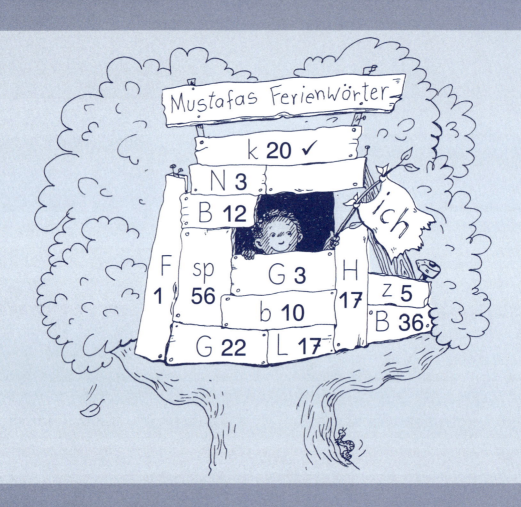

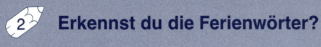 Suche die Ferienwörter in der Wörterliste. Schreibe sie auf.

klettern,

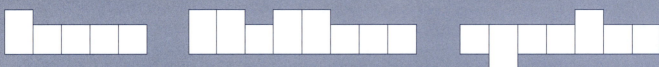 Erkennst du die Ferienwörter?

3 Was sind *keine* Ferienwörter? Streiche durch.

klettern, Baumhaus, Papier, Brett
Wurm, Nase, Roller, Schule, spielen
krank, Nagel, klopfen, Fahne, Mehl

4 Schreibe die Ferienwörter ab.

5 Schreibe die Wörter in das Rätsel.

Lösung:

Dinge und wie sie sind

 1 Was siehst du auf dem Bild? Kreuze an und schreibe.

○ Bach   ☒ Buch
☒ Buch   ○ Bach

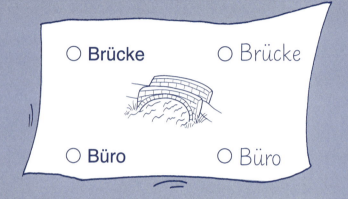

○ Brücke   ○ Brücke
○ Büro   ○ Büro

das Buch

die

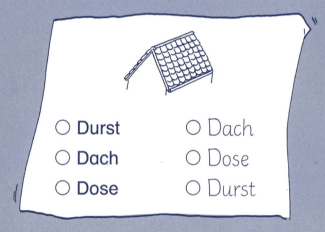

○ Durst   ○ Dach
○ Dach   ○ Dose
○ Dose   ○ Durst

○ Matte   ○ Milch
○ Mutter   ○ Matte
○ Milch   ○ Mutter

○ Tanne   ○ Tasse
○ Tasse   ○ Tonne
○ Tonne   ○ Tanne

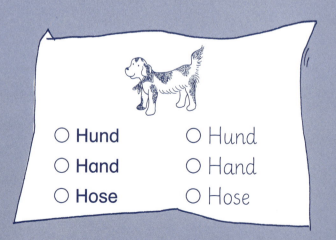

○ Hund   ○ Hund
○ Hand   ○ Hand
○ Hose   ○ Hose

2 Suche die Wörter in der Wörterliste. Schreibe Sätze.

Wie ist das Buch?

sp 54	Das Buch ist spannend.
i 10	Das
n 13	

Wie ist die Milch?

s 12	Die Milch ist s
w 5	Die
k 2	

Wie ist die Tonne?

g 24	Die Tonne ist g
d 13	Die
sch 36	

Kennst du die Tiere?

 1 Was siehst du auf dem Bild? Kreuze an und schreibe.

○ Apfel   ○ Affe
○ Affe   ○ Apfel

der Affe

○ Vater   ○ Vater
○ Vogel   ○ Vogel

der

○ Igel   ○ Laus
○ Laus   ○ Löwe
○ Löwe   ○ Igel

○ Hund   ○ Hahn
○ Hahn   ○ Haut
○ Haut   ○ Hund

○ Freund   ○ Fliege
○ Fliege   ○ Frau
○ Frau   ○ Freund

○ Quark   ○ Qualle
○ Qualle ○ Quirl
○ Quirl   ○ Quark

2 Suche die Wörter in der Wörterliste.

I 1	der	Qu 1	
E 11		H 33	
V 7		F 29	

3 Setze die Wörter von oben ein. Male jeweils zu einem Satz ein Bild.

① Der _____ zappelt im Netz.

② Der _____ frisst einen dicken Wurm.

③ Der _____ hat riesige Ohren.

④ Der _____ hat einen Knochen im Maul.

⑤ Der _____ schwimmt im Meer.

⑥ Der _____ sitzt im Nest.

Eine Wortmaschine

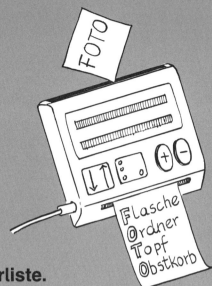

1. Suche die Wörter in der Wörterliste.

18	T
	Tiger
	O
	P
	F

3	Z

11	K

2. Ordne die Wörter den Anfangsbuchstaben zu.

~~Tiger~~, Igel, Affe, Feuer, Dach
Ziege, Nest, Katze, Ohr, Nadel, Pilz, Hund

3. Suche zuerst die Wörter in der Wörterliste. Finde selbst Wörter.

18	A
	A
	R
	M

4	O

1	R

4 Spure die Wörter nach. Setze passende ein.

der Affe, das Feuer, der Tiger, das Dach, die Ziege
das Ohr, das Nest, die Katze, die Nadel, der Hund

① Die K_____ schnurrt im Sessel.

② Der _____ schleicht sich an die Beute.

③ Der _____ schaukelt an einem langen Ast.

④ Die _____ weidet auf einer grünen Wiese.

⑤ Der _____ bewacht den Hof.

5 Male:

- einen großen Baum
- einen schwarzen Affen
- einen runden Korb
- rote, gelbe und grüne Äpfel

Noch eine Wortmaschine

1 Suche die Wörter in der Wörterliste.

24	h		5	w		28	b
heiß							
e							
l							
l							

2 Ordne die Wörter den Anfangsbuchstaben zu.

~~heiß~~, lang, weich, laut, um, aber, alle, böse, lieb, ein, mein, rund

3 Suche zuerst die Wörter in der Wörterliste. Finde selbst Wörter.

21	r		8	a		13	n
r			a			n	

④ **Spure die Wörter nach. Setze passende ein.**

lieb, alles, böse, aber
weich, lang, heiß, ein, um

① Das Fell der Katzen ist sehr _____.

② Ein Viereck ist nicht _____.

③ Meine Oma ist sehr _____.

④ Die _____ Hexe lockt die Kinder ins Haus.

⑤ Im Sommer ist es oft _____.

⑤ **Male:**

- eine liebe Hexe
- ein rundes Haus
- eine grüne Katze
- ein böses Eis
- eine blaue Himbeere

Ein lustiger Elefant

 Was siehst du auf dem Bild? Kreuze an.

Male das Herz rot und das Tuch gelb.

Der Elefant hat

❏ zwei Ohren ❏ ein Herz ❏ zwei Augen
❏ eine Schnauze ❏ einen Schwanz ❏ zwei Füße
❏ vier Füße ❏ sieben Flügel ❏ einen Rüssel

 Was hat der Elefant? Schreibe auf.

zwei Ohren, ein Herz, zwei Augen, ein Horn, ♡
eine Schnauze, einen Schwanz, einen Schnabel,
vier Füße, sieben Flügel, zwei Füße, einen Rüssel

Der Elefant hat

3 Spure die Wörter nach. Setze sie richtig ein.

Ohren, Augen, Rüssel, Stoßzähne, Füße

① Der Elefant hat vier dicke _____.

② Er hat traurige _____.

③ Im _____ hat er ein gelbes Tuch.

④ Mit den _____ kann der Elefant flattern und hören.

⑤ Die Elefanten nutzen die _____, um die Rinde von den Bäumen zu schälen.

4 Male einen lustigen Elefanten. Er sieht so aus:

- Die Ohren sind grün.
- Auf dem Kopf ist ein Hut.
- Die Stoßzähne haben rote Streifen.
- Das Herz ist lila.
- Um den Rüssel trägt er eine bunte Schleife.

Im Gespensterschloss

1 Was siehst du auf dem Bild? Kreuze an.

Die Gespenster

- ❏ schreien
- ❏ filmen
- ❏ malen
- ❏ gruseln
- ❏ schreiben
- ❏ fliehen
- ❏ schweben
- ❏ fliegen
- ❏ kleistern
- ❏ jodeln
- ❏ klettern
- ❏ jaulen

2 Was tun die Gespenster? Schreibe auf.

schreien, schweben, schreiben, filmen, fliegen, fliehen, malen, kleistern, klettern, gruseln, jodeln, jaulen, bezahlen, schaukeln

Die Gespenster

3 **Spure die Wörter nach.
Setze sie richtig ein.**

schreit, schwebt, klettert
gruselt, versteckt, fliegt

① Ein Gespenst sch_____ um den Turm.

② Das kleinste Gespenst _____ sich

und _____ sich im Gebüsch.

③ Das Gespenst mit der Schleife im Haar

_____ aus dem Fenster.

④ Aus dem Schornstein _____ ein

Gespenst und _____ fürchterlich.

 4 **Male ein Gespenst,
wie es aus einem
Schornstein klettert.**

Was angelt der Kater?

1 Suche die Wörter in der Wörterliste.
Schreibe sie mit der Nummer auf.

☐ Lampe, die — die

☐ Torte, die —

☐ Stuhl, die —

☐ Haken, der —

☐ Kanne, die —

2 Was ist auf dem Bild? Kreuze an.

☐ ein Kater   ☐ eine Lampe
☐ eine Tasse   ☐ ein Stuhl
☐ eine Kanne   ☐ eine Spinne

☐ ein Seil   ☐ ein Nagel
☐ eine Maus   ☐ ein Haken
☐ eine Torte   ☐ eine Tasche

3 Warum kippt die Kanne um?

4 Spure die Wörter nach. Setze sie richtig ein.

Kanne, Kater, Kaffee, Haken

① Der Ka_____ wackelt mit dem Stuhl.

② Die _____ hängt an einem Seil.

③ Das Seil ist an einem _____ befestigt.

④ Der _____ läuft auf die Tischdecke.

5 Löse das Rätsel.

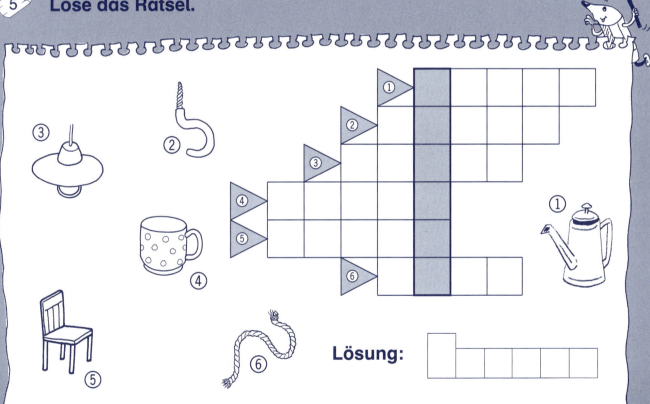

Im Baumhaus

1 Was ist auf dem Bild? Kreuze an.

- ❏ ein Koffer
- ❏ eine Leiter
- ❏ drei Blumen
- ❏ zwei Sandalen
- ❏ ein Mädchen
- ❏ zwei Jungen

- ❏ zwei Vögel
- ❏ ein Apfelbaum
- ❏ ein Fernrohr
- ❏ ein Kirschbaum
- ❏ ein Baumhaus
- ❏ ein Tropenhelm

2 Suche die Wörter in der Wörterliste. Schreibe sie mit der Nummer auf.

☐	**Vögel, die**	die
☐	**Fernrohr, das**	
☐	**Jungen, die**	
☐	**Leiter, die**	
☐	**Sandalen, die**	

3 Spure die Wörter nach. Setze sie richtig ein.

Vögel, Leiter, Jungen ✓, Sandalen, Fernrohr

① Die J_____ spielen im Baumhaus.

② Am Kirschbaum hängt eine _____.

③ Die _____ stehlen die Kirschen.

④ Unter dem Baum liegen _____.

⑤ Ein Junge schaut durch ein langes _____.

4 Welche Häuser gibt es *nicht*? Streiche durch.

Baumhaus   Briefhaus
Gartenhaus   Hochhaus
Apfelhaus
   Schneehaus
Waldhaus
   Glashaus
Vogelhaus
Windhaus   Autohaus
   Pilzhaus
Feuerwehrhaus
   Ferienhaus
Holzhaus
Brothaus   Jagdhaus

Mit Auge, Ohr und Hand

1 Stimmt das? Kreuze an.

① Mit den Augen kann man riechen.

② Mit den Augen kann man sehen.

③ Mit den Ohren kann man hören.

④ Mit den Ohren kann man heben.

⑤ Mit den Händen kann man schlafen.

⑥ Mit den Händen kann man schlagen.

⑦ Mit der Nase kann man riechen.

⑧ Mit der Nase kann man reiten.

⑨ Mit dem Mund kann man schreien.

⑩ Mit dem Mund kann man schreiben.

2 Suche die Wörter in der Wörterliste. Schreibe sie auf.

s 40	er
h 12	
l 11	

h 28	
r 14	
s 20	

3 **Was stimmt *nicht*? Streiche durch.**

Mit den *Augen* kann ich:

sehen   ~~riechen~~   laufen

rollen   blinzeln   reiten

Mit den *Händen* kann ich:

halten   hüpfen   hoppeln

schweben   schlagen   schlafen

Mit den *Ohren* kann ich:

heben   hören   hüpfen

latschen   löffeln   lauschen

Mit der *Nase* kann ich:

reiten   riechen   sehen

schnauben   schnurren   gehen

Findest du die Wörter?

wqblinzelnq   weriechenge

lkschnaubenpol   öptreitentö

hisehenui   ngschlafenui   iohaltenentt

Von tanzenden Tieren und Giftfröschen

 Was können die Tiere *nicht*? Streiche durch.

fahren   fließen   fliegen
schwirren   schwimmen   schreiben
stehen   stechen   streicheln

fressen   fliegen   fragen
reiten   rennen   rollen
nagen   malen   reiten

fragen   flattern   fahren
füttern   feiern   filmen
picken   packen   pusten

spucken   spielen   springen
schreiben   quaken   reden
falten   fliegen   fangen

 Findest du die Wörter?

ʬfliegenʬ   wqschwirrena   westechenge   lwarenneng
lknagenpol   öptfressentö   lwapickeng   lkflattern
öpfütternll   öpfangenzui   ioquakentt   elspringenkk

3 Suche die Wörter in der Wörterliste. Schreibe sie auf.

| f 38 | | sp 61 | |
| f 51 | | r 16 | |

4 Zeichne die Wortgrenzen ein.

5 Male einen Giftfrosch.

① InAfrikalebenvieleFrösche.

② ManchehabengrelleFarben: gelb,rot,orange,grün.

③ OftsinddasGiftfrösche.

④ IhrebunteFarbe sollFeindeabschrecken.

6 Schreibe den Text richtig auf.

Von Januar bis Juni

1 Kreise die Namen für die Monate ein.

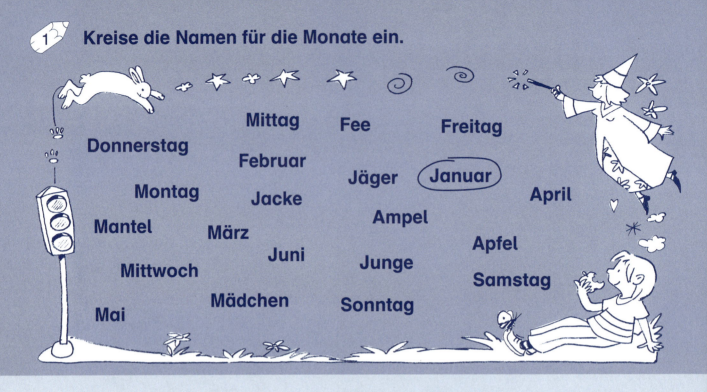

Donnerstag, Mittag, Fee, Freitag, Februar, Montag, Jäger, (Januar), April, Jacke, Mantel, März, Ampel, Juni, Junge, Apfel, Mittwoch, Samstag, Mai, Mädchen, Sonntag

2 Spure die Monate nach. Schreibe sie auf.

Februar, April, Juni, Januar, März, Mai

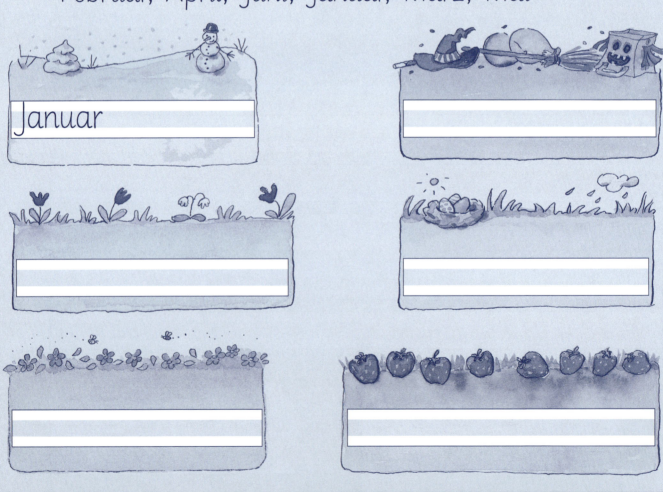

Januar

3 Verbinde die Sätze. Vergleiche mit den Bildern.

○ Im Mai   schmecken die Erdbeeren.

○ Im Januar   summen die Bienen.

○ Im Juni   bauen wir einen Schneemann.

○ Im Februar   pflücken wir die ersten Blumen.

○ Im März   suchen wir alle Ostereier.

○ Im April   feiern wir Fasching.

 4 In jedem Wort ist ein Fehler. Kreise ihn ein. Schreibe die Wörter *richtig* auf.

Sieh in der Wörterliste nach.

Januar   februar   Mei

Merz   Junie   Apriel

Von Juli bis Dezember

1 Kreise die Namen für die Monate ein.

Sommer Mittag Onkel Oktober
Drucker Jacke Ohrwurm
August Dezember
Auge Junge Stimme
Juli Ampel Drachen
September Ananas
November Specht

2 Spure die Monate nach. Schreibe sie auf.

November, Dezember, Juli, September, Oktober, August

Juli

3 **Verbinde die Sätze. Vergleiche mit den Bildern.**

- ◯ Im August — sammeln die Kinder Kastanien.
- ◯ Im Oktober — freuen sie sich auf den Weihnachtsmann.
- ◯ Im Dezember — vergnügen sich die Kinder im Meer.
- ◯ Im September — spucken sie die Kirschkerne ins Gras.
- ◯ Im November — lassen die Kinder die Drachen tanzen.
- ◯ Im Juli — basteln sie Laternen.

 4 **In jedem Wort ist ein Fehler. Kreise ihn ein. Schreibe die Wörter *richtig* auf.**

Nutze die Wörterliste.

| oktober | Septembr | Dezemper |

| august | Julie | Novembr |

Was krabbelt denn da?

1. Stimmt das? Kreuze an.

Auf der Wiese

① Die Schnecke fliegt mit dem Elch um die Wette.

② Auf der Wiese blühen viele Blumen und Gräser.

③ Im Gras krabbeln Ameisen und kleine Käfer.

④ Auf einer Wiese kannst du Schmetterlinge sehen.

⑤ Die Affen bauen sich ihr Nest im Gras.

⑥ Ein Marienkäfer sonnt sich auf einer Blüte.

2. Welche Namenwörter passen zur *Wiese*? Spure sie nach.

Butter   Gras   Riese   Blume   Obst
Biene   Pirat   Blüte   Milch   Eis

3. Schreibe die *Wiesen-Wörter* so:

Einzahl

das

Mehrzahl

die

4 Spure die *Wiesen-Wörter* nach.

Möwe   Kräuter   Strand
Gras   Muschel   Käfer
Blumen   bauen   Wellen
Maikäfer   Qualle   Blüte
Sandburg   Schnecke

 5 Schreibe die *Wiesen-Wörter* in das Cluster.

Wiese

Wer wühlt denn da?

1 Stimmt das? Kreuze an.

Im Wald

① Die Ameisen bauen eine Burg.

② Die Ameisen tragen einen Computer.

③ Ein Wildschwein wühlt im Waldboden.

④ Das Wildschwein sucht nach einer Torte.

⑤ Der Förster schaut durch ein Fernglas.

⑥ Im Winter füttert der Förster die Wale.

2 Welche Namenwörter passen zum *Wald*? Spure sie nach.

Tanne   Gurke   Buch   Beere   Paket
Ameise   Pilz   Jacke   Trompete

3 Schreibe die *Wald-Wörter* so:

Einzahl   Mehrzahl

die Tanne   die

4 Spure die *Wald-Wörter* nach.

Bäume	Straße	Ameisen	
Reh	Käfer	Milch	rechnen
Kuchen	Eis	Tafel	Blätter
Käse	Pilze	Tiere	Suppe

5 Schreibe die *Wald-Wörter* in das Cluster.

Auf dem Spielplatz

 1 Welche Wörter passen zusammen? Verbinde.

Reifen
Kasten
Sand
Schaukel
Helm
Fuß
Ball
Spiel
Sturz
Platz

 2 Wie geht der Satz weiter? Verbinde.

Anna schaukelt, — weil sie Katzen liebt.

Oma will fit bleiben, weil sie Fußball spielen wollen.

Ina trägt einen Katzen-Pulli, weil es ihr Spaß macht.

Nils wartet auf seinen Freund, deshalb fährt sie Fahrrad.

3 Schreibe den Text ab.

Auf dem Spielplatz

Anne schaukelt hoch.
Von oben kann sie alles gut sehen.
Anne erkennt Nils. Er schießt
mit einem Fußball auf eine Torwand.
Da saust ein rotes Rennrad heran.
„Wow!", staunen die Kinder. Das Rennrad fährt eine Oma.

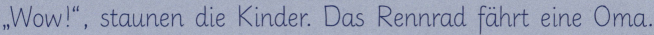

Kontrolliere. Lies von **hinten** nach **vorn**.

Von Anglern und Piraten

 1 Spure die Piraten-Wörter *blau* nach.
Spure die Angel-Wörter *gelb* nach.

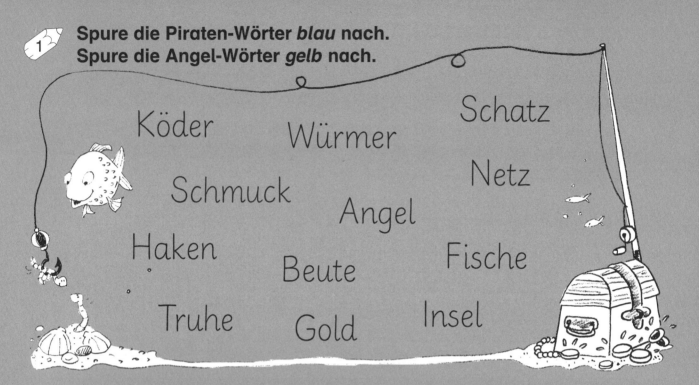

Köder, Würmer, Schatz, Schmuck, Netz, Angel, Haken, Beute, Fische, Truhe, Gold, Insel

 2 Ordne die Wörter in die Tabelle. Ergänze.

Piraten	Angler

3 Welche Sätze gehören *nicht* in ein Piratenbuch?
Streiche die Sätze durch.

① Der Matrose stand oben im Mastkorb.

② Er sollte nach der Schatzinsel Ausschau halten.

③ Plötzlich entdeckte er ein Segelschiff.

④ Am Mast hing eine Piratenflagge.

⑤ Mutter stellt den Pudding in den Kühlschrank.

⑥ Kapitän Riep rannte aufgeregt in seine Kajüte.

⑦ Er kramte in seiner Truhe nach der Schatzkarte.

⑧ Die Piraten dürfen die Karte nicht finden.

⑨ Die Katze schlich sich vorsichtig an die Maus.

⑩ Der Kapitän versteckte die Schatzkarte in einer Flasche.

⑪ Dann gab der Kapitän den Befehl, alle Segel zu setzen. Er wollte ....

4 Was finden die Matrosen in der Schatztruhe?
Suche die Wörter in der Wörterliste.

G 19	das	S 23	
P 13		S 1	
K 29		M 23	

Was ist mit den Tieren los?

1 Lies den Text.

Im Zoo

1 Eines Morgens ging Fredi mit ihrem Vater in den Zoo.
2 Ihr Vater ist der Zoodirektor.
3 Aber was war denn plötzlich mit den Tieren los?

4 Das Nilpferd Paula hatte ein Horn auf der Nase.
5 Der Flamingo Charlie hatte die Flügel
6 einer Fledermaus.
7 Pinguin Theo hatte den Kopf eines Papageien
8 und plapperte:
9 „Dumme Hexe, dumme Hexe, dumme Hexe."

10 Der Vater nahm schnell die Kamera
11 und fotografierte die wundersamen Tiere.
12 Er hätte sich auch Zeit lassen können.
13 Die Tiere blieben, wie sie waren.

14 „Was ist denn hier nur passiert?",
15 fragte Fredi ihren Vater.
16 Weißt du eine Antwort?

2 Schreibe zuerst die Wörter aus der Wörterliste auf.
Kreuze das richtige Wort an.

1. Mit wem ging Fredi?

| M 26 | Mutter | ○ | V 1 | Vater | ⊗ |

2. Wohin ging sie?

| Z 13 | | ○ | W 3 | | ○ |

3. Von wem hatte Theo den Kopf?

| F 33 | | ○ | P 3 | | ○ |

4. Was hatte das Nilpferd auf der Nase?

| H 29 | | ○ | H 35 | | ○ |

3 Schreibe den Satz richtig zu Ende.

① Die Tiere sind im _____ .   Zoo / Zahn

② Vater ist der _____ .   Doktor / Direktor

③ Paula hatte ein Horn auf der _____ .   Natur / Nase

④ Vater nahm die _____ .   Kanone / Kamera

4 Male die Tiere.

Das Kamel hat drei Höcker.

Jeder Höcker hat eine andere Farbe.

Sein Schwanz sieht aus wie ein Besen.

Der Elefant hat Beine vom Frosch.

Er ist voller Schuppen.

Die Flügel hat er von der Fledermaus.

Hexe Lissy

 Lies den Text.

Hexen-Hausaufgaben

1 Lissy hatte eine Hausaufgabe:
2 Sie sollte Tiere so verzaubern,
3 dass sie singen konnten.
4 Lissy nahm ihr Hexenbuch
5 und ging in den Zoo.
6 Aber weil sie nicht richtig lesen geübt hatte,
7 vertauschte sie die Wörter im Zauberspruch.

8 So konnte das Nilpferd Paula nicht singen,
9 sondern hatte ein Horn auf der Nase.
10 Der Flamingo Charlie krächzte nur noch heiser und
11 schlug mit seinen Fledermausflügeln.
12 Pinguin Theo plapperte mit seinem Papageienkopf:
13 „Dumme Hexe, dumme Hexe, dumme Hexe ..."

 Schreibe zuerst die Wörter aus der Wörterliste auf. Kreuze das richtige Wort an.

1. Was sollte Lissy machen?

| r 24 | | z 5 | |

2. Was sollten die Tiere können?

| s 44 | | t 3 | |

3. Wohin ging sie?

| Z 13 | | W 3 | |

4. Was nahm sie mit?

| B 46 | | B 44 | |

5. Was konnte Lissy nicht richtig?

| z 5 | | t 35 | |

3. Schreibe den Satz richtig zu Ende.

① Die Tiere sind im _____ . Zoo / Buch

② Lissy wollte _____ . zaudern / zaubern

③ Sie konnte nicht richtig _____ . lernen / lesen

④ Die Tiere sollten _____ . singen / tanzen

4. Male das Tier.

Das Tier hat den Kopf vom Elefanten.

Es hat Flügel.

Die Beine sind vom Storch.

Der Körper ist vom Bär.

Es hat rote Punkte am Körper.

Der Kopf ist blau.

5. Wie heißt dein Tier?

_____

Kommen die Buchstaben zurück?

1. Leila hat ihre Lese- und Schreibaufgaben erledigt.
2. Sie möchte, dass die Buchstaben zurückkommen.
3. Am Computer schreibt sie eine E-Mail.

Liebe Buchstaben,
ich habe alle Prüfungen geschafft.
Bitte kommt zurück!
                                    Leila

4. Die Buchstaben wollen Leila noch ein letztes Mal testen.
5. Sie antworten Leila.

Hallo Lila,
wir kommn zurück, abr du musst noch in Prüfung schaffn.

Letzte Prüfung: Schreibe den Satz in Schreibschrift.

Elf Esel essen eine E-Mail.

Kommen die Buchstaben zurück?

A a

1. ab
2. Abend, der
3. aber
4. Affe, der
5. Affen, die
6. alle
7. allein
8. alt
9. Ameise, die
10. Ameisen, die
11. Angst, die
12. Ängste, die
13. antworten
14. sie antwortet
15. Apfel, der
16. Äpfel, die
17. April, der
18. Arm, der
19. Arme, die
20. Arzt, der
21. Ärzte, die
22. Ast, der
23. Äste, die
24. auch
25. Auge, das
26. Augen, die
27. August, der
28. Auto, das
29. Autos, die

B b

1. Bach, der
2. Bäche, die
3. baden
4. badet, er
5. bald
6. Ball, der
7. Bälle, die
8. Bauch, der
9. Bäuche, die
10. bauen
11. baut, sie
12. Baum, der
13. Bäume, die
14. Baumhaus, das
15. Beere, die
16. Beeren, die
17. beide
18. Bein, das
19. Beine, die
20. bekommen
21. bekommt, sie
22. bellen
23. bellt, er
24. Biene, die
25. Bienen, die
26. Blatt, das
27. Blätter, die
28. blau
29. Blume, die
30. Blumen, die
31. Blüte, die
32. Blüten, die
33. böse
34. brauchen
35. braucht, er
36. Brett, das
37. Bretter, die
38. Brief, der
39. Briefe, die
40. bringen
41. bringt, sie
42. Brot, das
43. Brote, die
44. Buch, das
45. Bücher, die
46. Burg, die
47. Burgen, die

C c

1. Computer, der
2. Computer, die
3. Clown, der
4. Clowns, die

D d

1. Dach, das
2. Dächer, die
3. danken
4. dankt, er
5. dann
6. dein – deine
7. denken
8. denkt, sie
9. denn
10. der
11. Dezember, der
12. dich
13. dick
14. Dienstag, der
15. dir
16. doch
17. Donnerstag, der
18. Dose, die
19. Dosen, die
20. drei
21. dürfen
22. darf, er
23. Durst, der
24. dursten

E e

1. Ei, das
2. Eier, die
3. ein – eine
4. einem
5. einen
6. einer
7. einkaufen
8. kauft ein, sie
9. einmal
10. Eis, das
11. Elefant, der
12. Elefanten, die
13. Eltern, die
14. essen
15. isst, er
16. etwas
17. euch
18. Esel, der
19. Esel, die

F f

1. Fahne, die
2. Fahnen, die
3. fahren
4. fährt, er
5. Fahrzeug, das
6. Fahrzeuge, die
7. fallen
8. fällt, er
9. Familie, die
10. Familien, die
11. fangen
12. fängt, er
13. fassen
14. fässt, sie
15. Februar, der
16. Feder, die
17. Federn, die
18. feiern
19. feiert, er
20. Ferien, die
21. Fernrohr, das
22. Fernrohre, die
23. fernsehen
24. Fernseher, der
25. Fernseher, die

㉖ Feuer, das
㉗ Feuer, die
㉘ finden
㉙ Fisch, der
㉚ Fische, die
㉛ Flasche, die
㉜ Flaschen, die
㉝ Fledermaus, die
㉞ Fledermäuse, die
㉟ Fliege, die
㊱ Fliegen, die
㊲ fliegen
㊳ fliegt, er
㊴ flüstern
㊵ flüstert, sie
㊶ fragen
㊷ fragt, er
㊸ Frau, die
㊹ Frauen, die
㊺ Freitag, der
㊻ fressen
㊼ frisst, er
㊽ Freund, der
㊾ Freunde, die
㊿ füttern
(51) füttert, er
(52) Fuß, der
(53) Füße, die

G g

① Gabel, die
② Gabeln, die
③ Garten, der
④ Gärten, die
⑤ geben
⑥ gibt, er
⑦ gehen
⑧ geht, sie
⑨ gelb
⑩ Geist, der
⑪ Geister, die
⑫ Geld, das
⑬ Gelder, die
⑭ Gespenst, das
⑮ Gespenster, die
⑯ gestern
⑰ gewinnen
⑱ gewinnt, sie
⑲ Gold, das
⑳ graben
㉑ gräbt, sie
㉒ Gras, das
㉓ Gräser, die
㉔ groß
㉕ gucken
㉖ guckt, er

H h

① Haar, das
② Haare, die
③ haben
④ hat, sie
⑤ Hahn, der
⑥ Hähne, die
⑦ Haken, der
⑧ Haken, die
⑨ Hals, der
⑩ Hälse, die
⑪ halten
⑫ hält, er
⑬ Hand, die
⑭ Hände, die
⑮ Hase, der
⑯ Hasen, die
⑰ Haus, das
⑱ Häuser, die
⑲ Heft, das
⑳ Hefte, die
㉑ heiß
㉒ helfen
㉓ hilft, er
㉔ hell
㉕ holen
㉖ holt, sie
㉗ hören
㉘ hört, er
㉙ Horn, das
㉚ Hörner, die
㉛ Hose, die
㉜ Hosen, die
㉝ Hund, der
㉞ Hunde, die
㉟ Hut, der
㊱ Hüte, die

I i

① Igel, der
② Igel, die
③ ihm
④ ihn
⑤ ihr – ihre
⑥ immer
⑦ in
⑧ Indianer, der
⑨ Indianer, die
⑩ interessant
⑪ ist

J j

① ja
② Jacke, die
③ Jacken, die
④ Januar, der
⑤ Juli, der
⑥ Junge, der
⑦ Jungen, die
⑧ Juni, der

K k

① Käfer
② kalt
③ Kanne, die
④ Kannen, die
⑤ Katze, die
⑥ Katzen, die
⑦ kaufen
⑧ kauft, er
⑨ kennen
⑩ kennt er
⑪ Kind, das
⑫ Kinder, die
⑬ Kiste, die
⑭ Kisten, die
⑮ Klasse, die
⑯ Klassen, die
⑰ klatschen
⑱ klatscht, sie
⑲ klein
⑳ klettern
㉑ klettert, er
㉒ kochen
㉓ kocht, er
㉔ kommen
㉕ kommt, sie
㉖ Kopf, der
㉗ Köpfe, die
㉘ krank
㉙ Krone, die
㉚ Kronen, die
㉛ Kuchen, der
㉜ Kuchen, die
㉝ Kuh, die
㉞ Kühe, die
㉟ kurz

L l

① lachen
② lacht, er

③ Lampe, die
④ Lampen, die
⑤ lang
⑥ lassen
⑦ lässt, sie
⑧ laufen
⑨ läuft, er
⑩ lauschen
⑪ lauscht, sie
⑫ laut
⑬ lecken
⑭ leckt, er
⑮ leicht
⑯ leise
⑰ Leiter, die
⑱ Leitern, die
⑲ lesen
⑳ liest, sie
㉑ Löffel, der
㉒ Löffel, die
㉓ lösen
㉔ löst, er
㉕ Luft, die
㉖ Lüfte, die

M m

① machen
② macht, sie
③ Mai, der
④ Märchen, das
⑤ März, der
⑥ Maus, die
⑦ Mäuse, die
⑧ Meer, das
⑨ Meere, die
⑩ mehr
⑪ mein
⑫ Mittwoch, der
⑬ Mond, der
⑭ Monde, die
⑮ Montag, der
⑯ morgen
⑰ müde
⑱ Mund, der
⑲ Münder, die
⑳ Muschel, die
㉑ Muscheln, die
㉒ Münze, die
㉓ Münzen, die
㉔ müssen
㉕ muss, sie
㉖ Mutter, die
㉗ Mütter, die

N n

① Nacht, die
② Nächte, die
③ Nagel, der
④ Nägel, die
⑤ Name, der
⑥ Namen, die
⑦ Nase, die
⑧ Nasen, die
⑨ nehmen
⑩ nimmt, er
⑪ Nest, das
⑫ Nester, die
⑬ neu
⑭ November, der

O o

① Ohr, das
② Ohren, die
③ Oktober, der
④ Oma, die
⑤ Omas, die
⑥ Opa, der
⑦ Opas, die

P p

① Papa, der
② Papas, die
③ Papagei, der
④ Papageien, die
⑤ Papier, das
⑥ Papiere, die
⑦ passen
⑧ passt, er
⑨ Pferd, das
⑩ Pferde, die
⑪ Pilz, der
⑫ Pilze, die
⑬ Pistole, die
⑭ Pistolen, die

Q q

① Qualle, die
② quaken
③ quakt, er

R r

① Rad, das
② Räder, die
③ Radio, das
④ Radios, die
⑤ raten
⑥ rät, sie
⑦ Raum, der
⑧ Räume, die
⑨ reden
⑩ redet, er
⑪ reiten
⑫ reitet, sie
⑬ riechen
⑭ riecht, er
⑮ rennen
⑯ rennt, sie
⑰ Roller, der
⑱ Roller, die
⑲ rollen
⑳ rollt, er
㉑ rot
㉒ rufen
㉓ ruft, sie
㉔ rutschen
㉕ rutscht, er

S s

① Säbel, der
② Säbel, die
③ Saft, der
④ Säfte, die
⑤ sagen
⑥ sagt, sie
⑦ Samstag, der
⑧ Sand, der
⑨ Sandale, die
⑩ Sandalen, die
⑪ satt
⑫ sauer
⑬ schauen
⑭ schaut, er
⑮ schenken
⑯ schenkt, sie
⑰ schlafen
⑱ schläft, er
⑲ schlagen
⑳ schlägt, sie
㉑ schmecken
㉒ schmeckt, er
㉓ Schmuck, der
㉔ schmücken
㉕ schmückt, sie
㉖ Schnee, der
㉗ schneiden
㉘ schneidet, sie
㉙ schnell
㉚ schon

㉛ schreiben
㉜ schreibt, er
㉝ Schule, die
㉞ Schulen, die
㉟ schwarz
㊱ schwer
㊲ schwimmen
㊳ schwimmt, sie
㊴ sehen
㊵ sieht, er
㊶ sehr
㊷ Seil, das
㊸ September, der
㊹ singen
㊺ singt, sie
㊻ sitzen
㊼ sitzt, er
㊽ sollen
㊾ soll, sie
㊿ Sonnabend, der
㉑ Sonne, die
㉒ Sonnen, die
㉓ Sonntag, der
㉔ spannend
㉕ Spiel, das
㉖ spielen
㉗ spielt, er
㉘ Spielzeug, das
㉙ Spielzeuge, die
㉚ springen
㉛ springt, er
㉜ spucken
㉝ spuckt, sie
㉞ stark
㉟ stehen
㊱ steht, sie
㊲ Stein, der
㊳ Steine, die
㊴ stellen
㊵ stellt, er
㊶ Straße, die
㊷ Straßen, die
㊸ streiten
㊹ streitet, er
㊺ Stuhl, der
㊻ Stühle, die
㊼ suchen
㊽ sucht, er

T t

① Tag, der
② Tage, die
③ tanzen
④ tanzt, sie
⑤ Tasse, die
⑥ Tassen, die
⑦ tauchen
⑧ taucht, er
⑨ Telefon, das
⑩ Telefone, die
⑪ Tier, das
⑫ Tiere, die
⑬ Tisch, der
⑭ Tische, die
⑮ toll
⑯ Tonne, die
⑰ Tonnen, die
⑱ Topf, der
⑲ Töpfe, die
⑳ Torte, die
㉑ Torten, die
㉒ tragen
㉓ trägt, sie
㉔ Traum, der
㉕ Träume, die
㉖ träumen
㉗ träumt, er
㉘ traurig
㉙ treffen
㉚ trifft, er
㉛ trinken
㉜ trinkt, sie
㉝ Tuch, das
㉞ Tücher, die
㉟ turnen
㊱ turnt, er

U u

① über
② Uhr, die
③ Uhren, die
④ uns
⑤ unter

V v

① Vater, der
② Väter, die
③ vergessen
④ vergisst, sie
⑤ viel
⑥ vier
⑦ Vogel, der
⑧ Vögel, die

W w

① wachen
② wacht, er
③ Wald, der
④ Wälder, die
⑤ warm
⑥ Welle, die
⑦ Wellen, die
⑧ Wiese, die
⑨ Wiesen, die
⑩ Wind, der
⑪ Winde, die
⑫ wissen
⑬ weiß, sie
⑭ Wohnung, die
⑮ Wohnungen, die
⑯ Wolke, die
⑰ Wolken, die
⑱ wollen
⑲ will, er
⑳ Wort, das
㉑ Wörter, die
㉒ wünschen
㉓ wünscht, er
㉔ Wurm, der
㉕ Würmer, die

X x

① Xylophon, das
② Xylophone, die

Y y

① Yak, der

Z z

① Zahl, die
② Zahlen, die
③ Zahn, der
④ Zähne, die
⑤ zaubern
⑥ zaubert, sie
⑦ zeigen
⑧ zeigt, er
⑨ Zeit, die
⑩ Zeiten, die
⑪ ziehen
⑫ zieht, sie
⑬ Zoo, der